T0159613

Igor Sukhin

Chess Camp

Volume 5: Two-Move Checkmates

MONGOOSE
Press

Publisher: Mongoose Press
1005 Boylston Street, Suite 324
Newton Highlands, MA 02461
info@mongoosepress.com
www.MongoosePress.com
ISBN: 978-1-936277-28-5
Library of Congress Control Number: 2010932524
Distributed to the trade by National Book Network
custserv@nbnbooks.com, 800-462-6420
For all other sales inquiries please contact the publisher.

Editor: Jorge Amador
Typesetting: Frisco Del Rosario
Cover Design: Al Dianov
First English edition
0 987654321

Contents

Note for Coaches, Parents, Teachers, and Trainers

After working through the first books in this series, the student has learned about the relative strength of the pieces, mastered typical methods in attack and defense, and learned how to checkmate in one move. This book presents the student with more difficult problems.

Delivering checkmate in two moves is essentially a three-stage process. The winning side has to find an attacking plan which would allow "capturing" the enemy king in no less than three moves. Moreover, the player must account for the best defense and find a way to overcome it.

When a chessplayer is carrying out a two-move checkmate, the opponent often has several ways to defend. However, checkmate follows each time. This is where the student will make use of his or her one-move checkmating skills. In order to solve such problems, the student needs to see the final mating structure; barring that, the puzzle might pose some difficulties.

This fifth volume sets several goals: a) to review checkmating skills; b) to teach the student to feel the harmony of the pieces; c) to teach how to overcome the best defense; d) to get the student into the habit of thinking in terms of calculation.

The book is divided into two distinct parts. In the first part, the student checkmates without sacrificing material, while in the second part the student needs to find a combination. Usually, authors of tactical manuals classify their material by combinational theme (*i.e.*, combinations with the theme of distraction, or blocking). Unfortunately, players don't get such "hints" during an actual game. That is why, in this book, the problems are structured by what pieces the attacking side has (for instance, the attacker checkmates with two rooks, two bishops, etc.).

Problems where the attacking side has not more than five pieces and pawns comprise the largest part of this book. These problems teach key ideas applicable also to problems with more chessmen. Solving problems with a limited number of attackers should allow the student to find checkmate in a variety of situations.

Very often the first move is a check. This cuts down on the number of variations the student has to consider. There are a few problems which do not begin with check. In this case the first move creates a strong threat, which the defender is unable to parry, and puts the defending side in a state of *Zugzwang*, when all moves only make the position worse. The later problems are more difficult, yet more beautiful. Learning to solve such problems will advance the student's appreciation of the harmony of the pieces, and will aid in mastering the deeper secrets of the game.

Checkmate in Two without a Sacrifice
King + piece vs. king
King + rook

White to move.

1

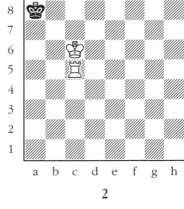

2

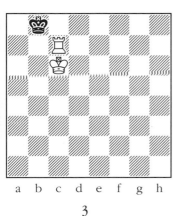

3

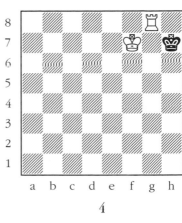

4

5

6

King + rook

Black to move.

7

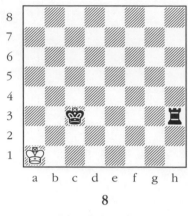

8

9

10

11

12

King + queen

White to move.

13

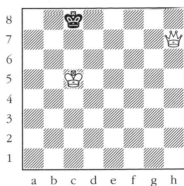

14

15

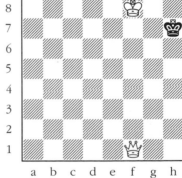

16

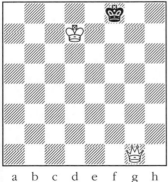

17

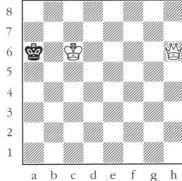

18

King + pawn

Black to move.

19

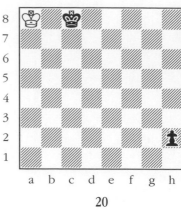

20

21

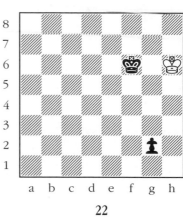

22

23

24

King + piece vs. various pieces

King + rook

White to move.

25

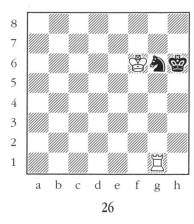

26

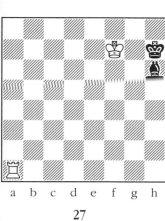

27

28

29

30

11

King + bishop

Black to move.

31

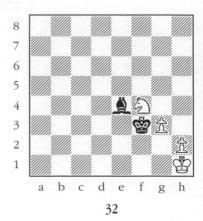

32

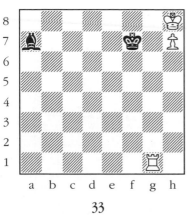

33

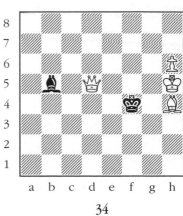

34

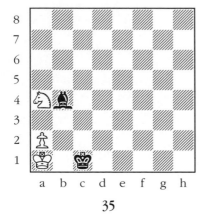

35

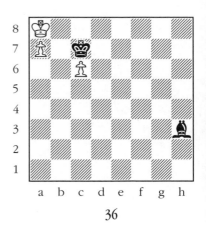

36

King + queen

White to move.

37

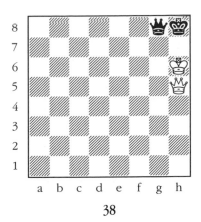

38

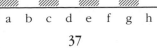

39

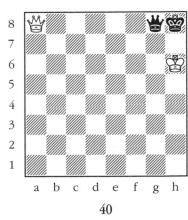

40

41

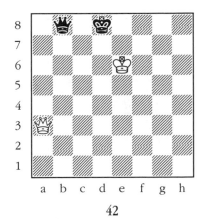

42

King + knight

Black to move.

43

44

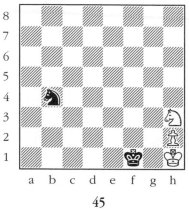

45

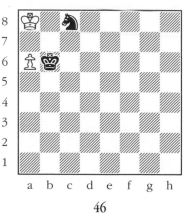

46

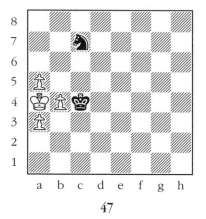

47

48

King + pawn

White to move.

49

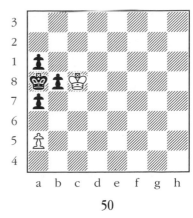

50

51

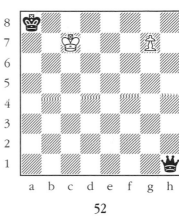

52

53

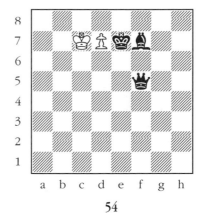

54

King + two pieces vs. various pieces
King + two rooks
White to move.

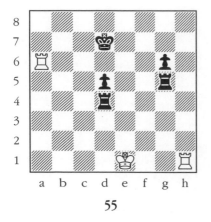

55

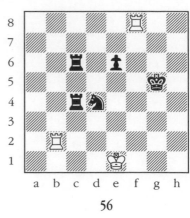

56

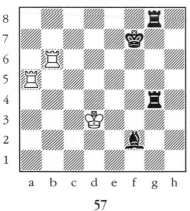

57

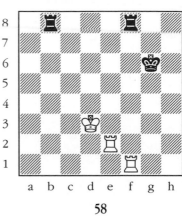

58

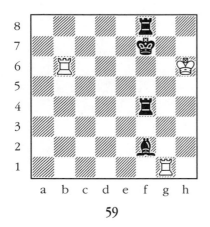

59

60

King + two rooks

Black to move.

61

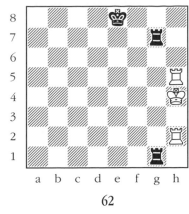

62

63

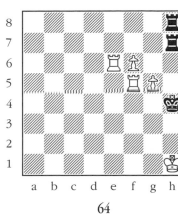

64

65

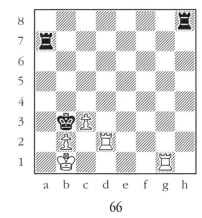

66

King + two bishops

White to move.

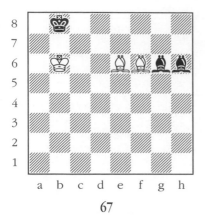

67

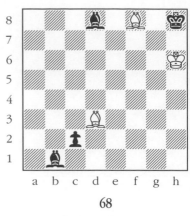

68

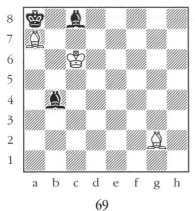

69

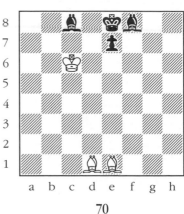

70

71

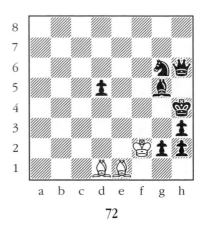

72

King + two bishops

Black to move.

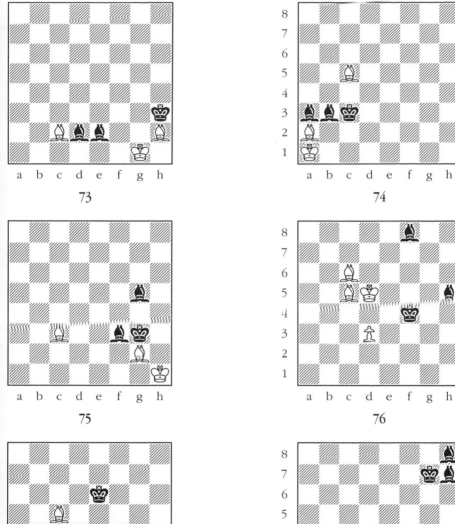

73

74

75

76

77

78

King + two knights

White to move.

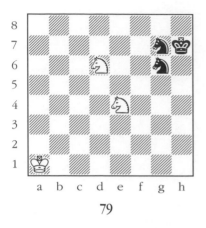

79

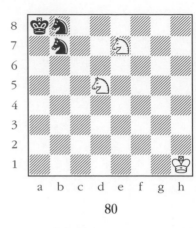

80

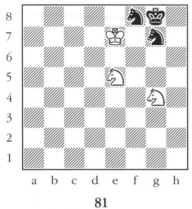

81

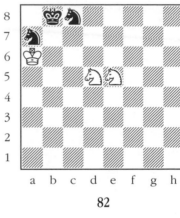

82

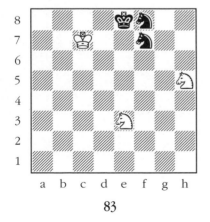

83

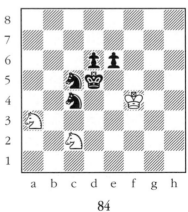

84

20

King + two pawns

Black to move.

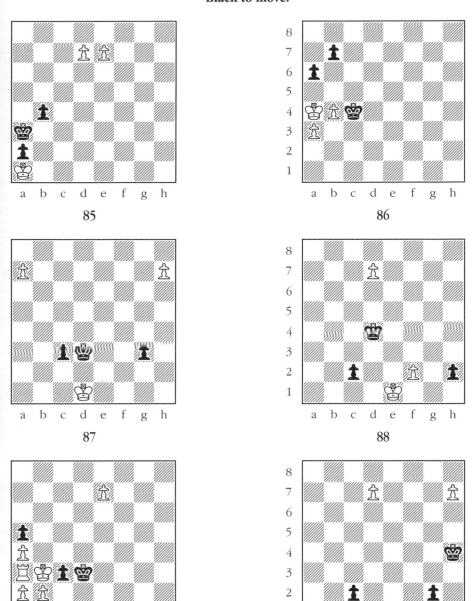

85

86

87

88

89

90

King + two different pieces
King + rook + bishop

White to move.

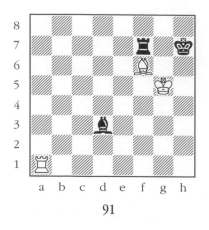

91

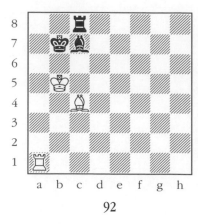

92

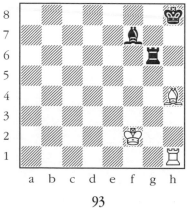

93

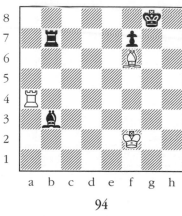

94

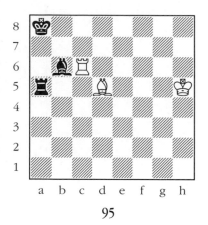

95

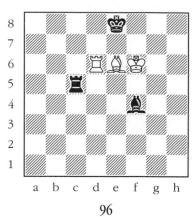

96

King + rook + queen

Black to move.

97

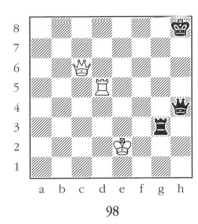

98

99

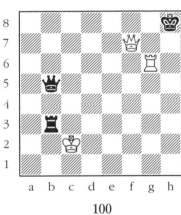

100

101

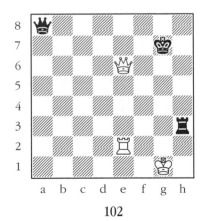

102

23

King + rook + knight

White to move.

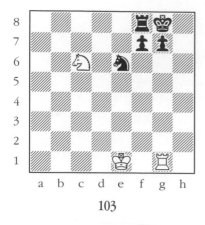

103

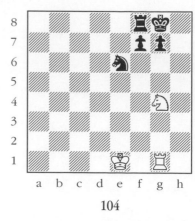

104

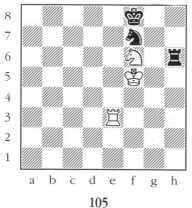

105

106

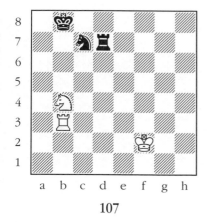

107

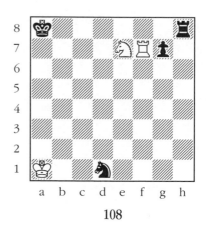

108

King + rook + pawn

Black to move.

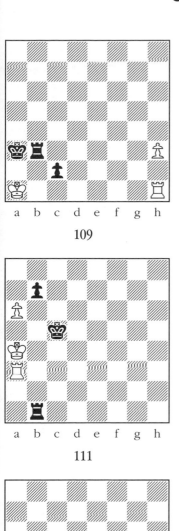

109

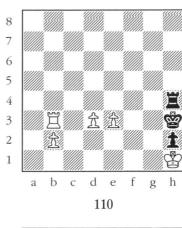

110

111

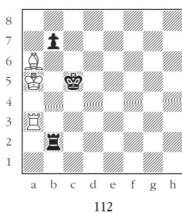

112

113

114

King + bishop + queen

White to move.

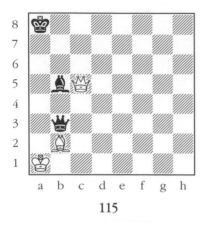

115

116

117

118

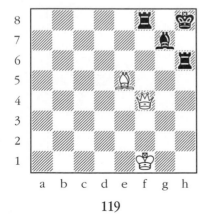

119

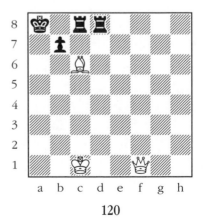

120

King + bishop + knight

Black to move.

121

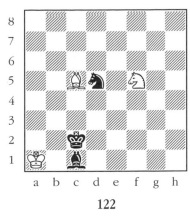

122

123

124

125

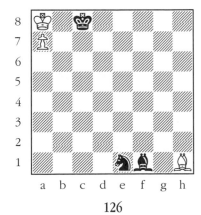

126

King + bishop + pawn

White to move.

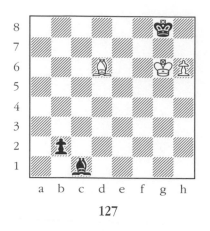

127

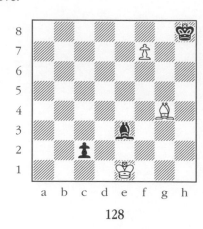

128

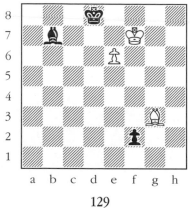

129

130

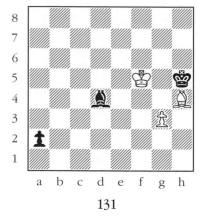

131

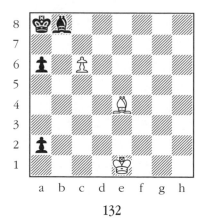

132

King + queen + knight

Black to move.

133

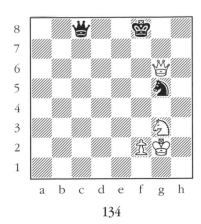

134

135

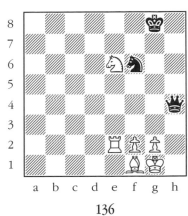

136

137

138

King + queen + pawn

White to move.

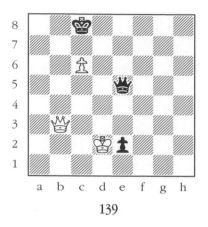

139

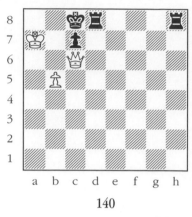

140

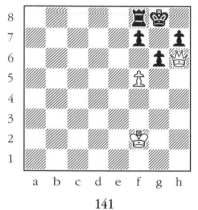

141

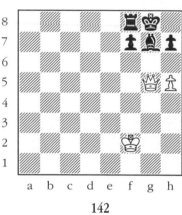

142

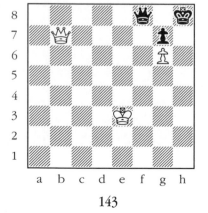

143

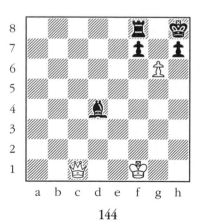

144

King + knight + pawn

Black to move.

145

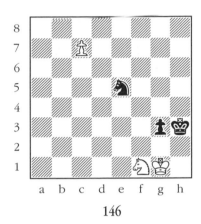

146

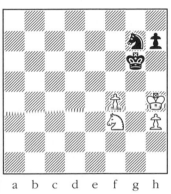

147

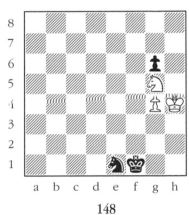

148

149

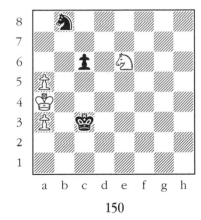

150

Victory in the Opening
Open Games

White to move.

151

152

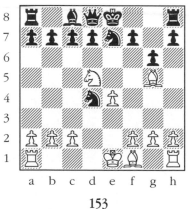

153

154

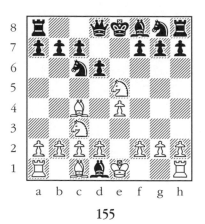

155

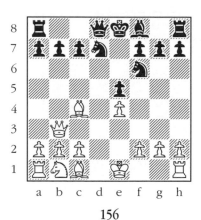

156

Open Games

Black to move.

157

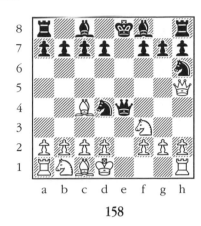

158

159

160

161

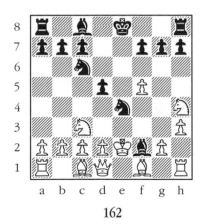

162

Open Games

White to move.

163

164

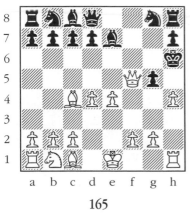

165

166

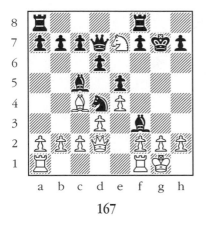

167

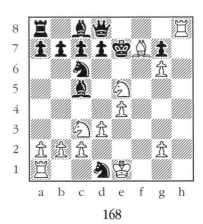

168

Semi-Open Games

White to move.

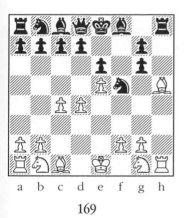

169

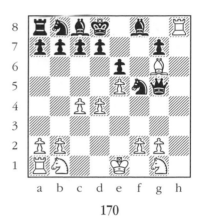

170

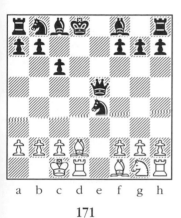

171

172

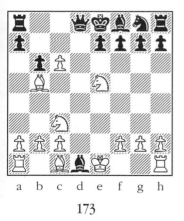

173

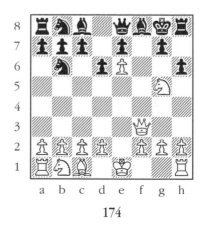

174

Semi-Open Games

Black to move.

175

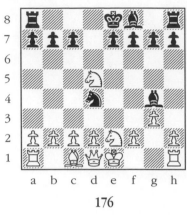

176

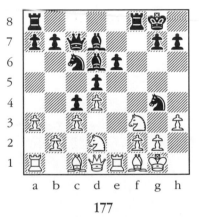

177

178

179

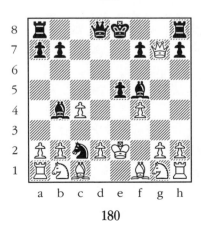

180

Closed Games

White to move.

181

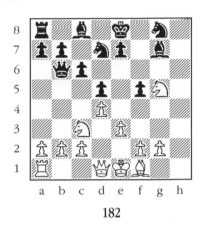

182

183

184

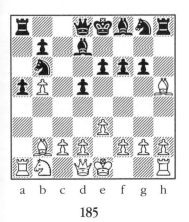

185

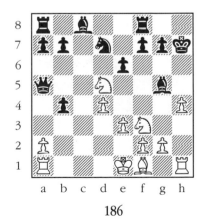

186

Checkmate in Two with a Sacrifice
King + two pieces vs. various pieces

King + two rooks

White to move.

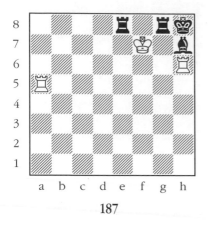

187

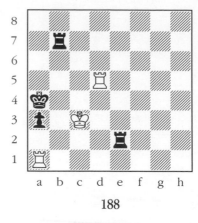

188

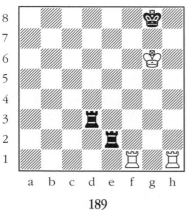

189

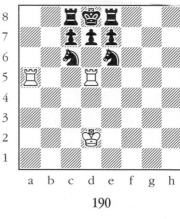

190

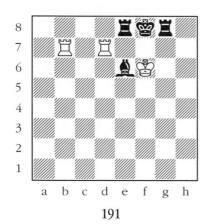

191

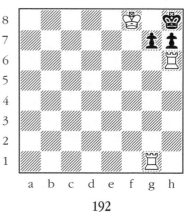

192

38

King + two rooks

White to move.

193

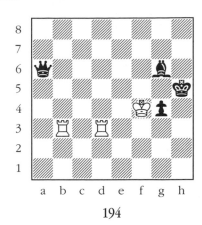

194

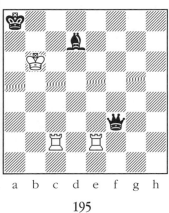

195

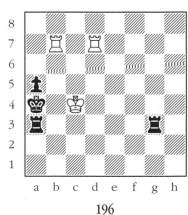

196

197

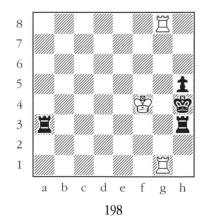

198

39

King + two rooks

White to move.

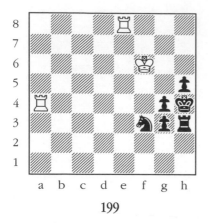

199

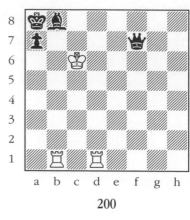

200

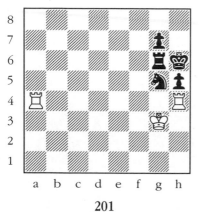

201

202

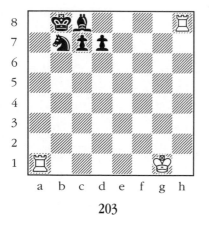

203

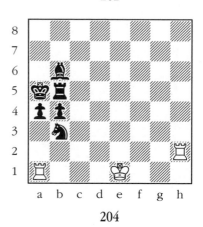

204

King + two bishops

White to move.

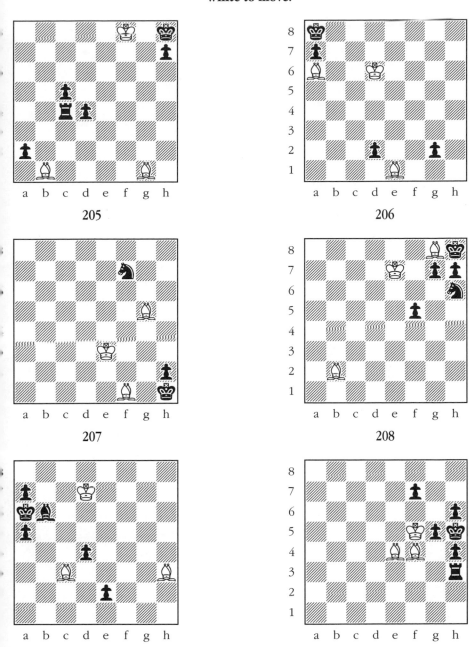

205

206

207

208

209

210

King + two knights

White to move.

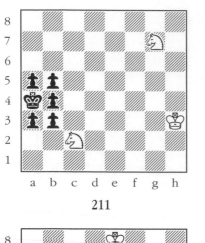

211

212

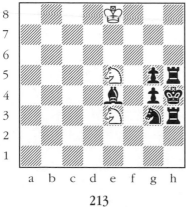

213

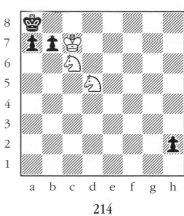

214

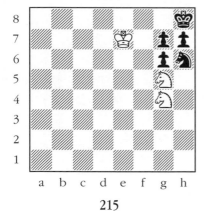

215

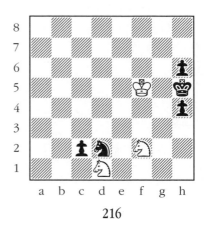

216

King + two pawns

White to move.

217

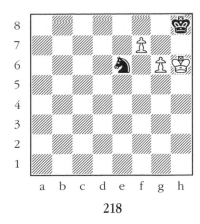

218

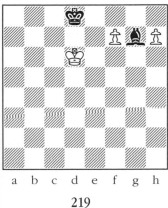

219

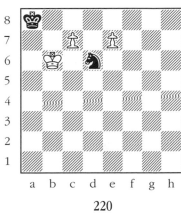

220

221

222

43

King + two pawns

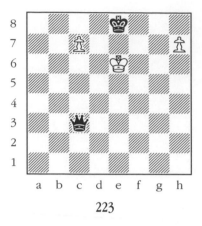

223

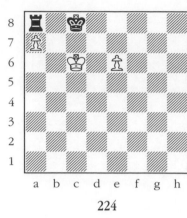

224

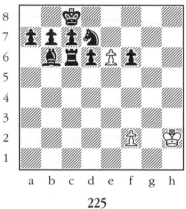

225

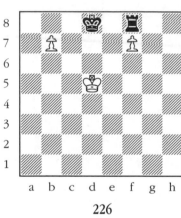

226

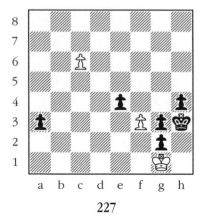

227

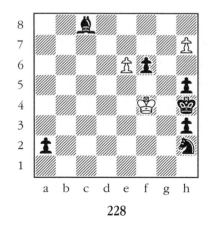

228

King + rook + bishop

White to move.

229

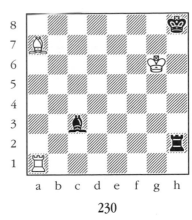

230

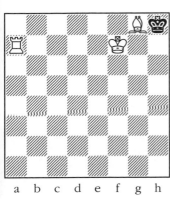

231

232

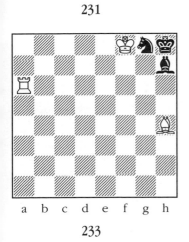

233

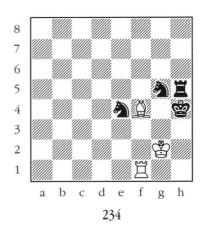

234

King + rook + bishop

White to move.

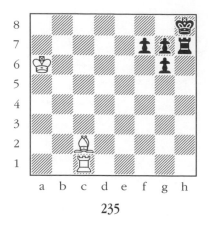

235

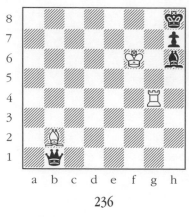

236

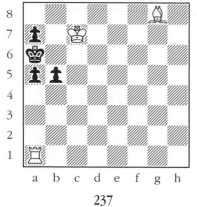

237

238

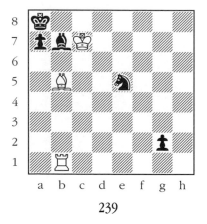

239

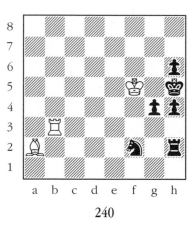

240

King + rook + queen

White to move.

241

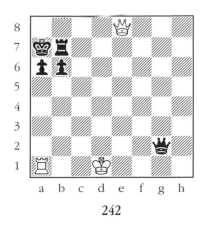

242

243

244

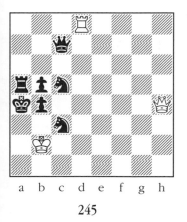

245

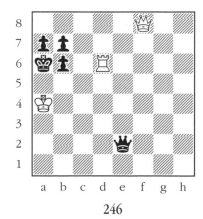

246

King + rook + queen

White to move.

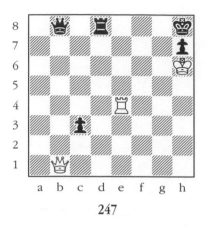

247

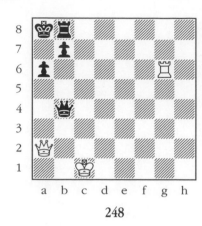

248

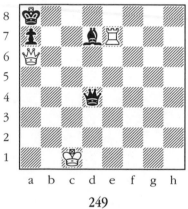

249

250

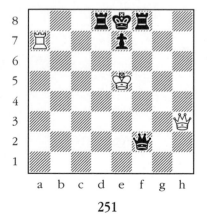

251

252

48

King + rook + knight

White to move.

253

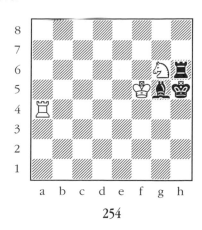

254

255

256

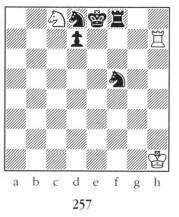

257

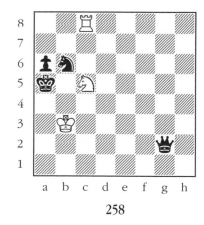

258

49

King + rook + pawn

White to move.

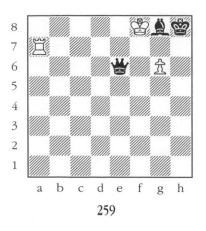

259

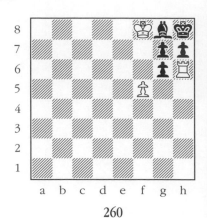

260

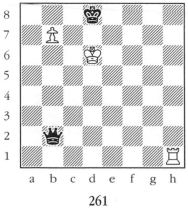

261

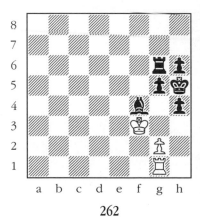

262

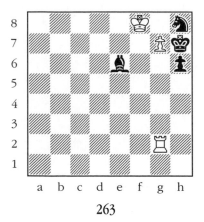

263

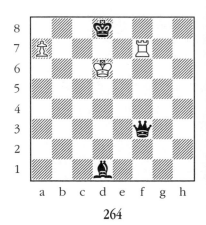

264

King + bishop + queen

White to move.

265

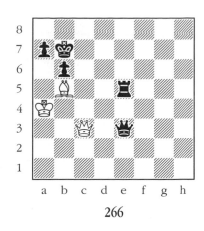

266

267

268

269

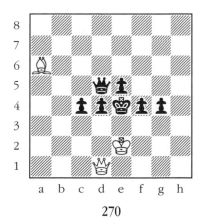

270

King + bishop + knight

White to move.

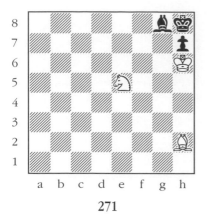

271

272

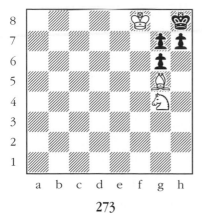

273

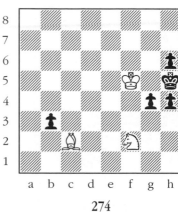

274

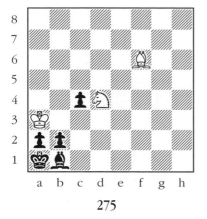

275

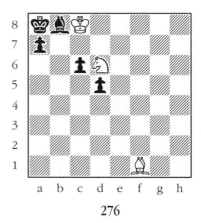

276

King + bishop + pawn

White to move.

277

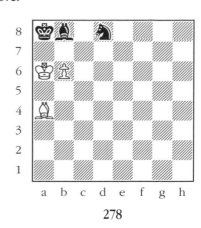

278

279

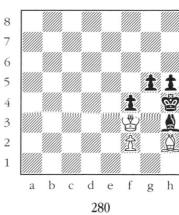

280

281

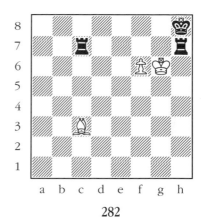

282

King + queen + knight

White to move.

283

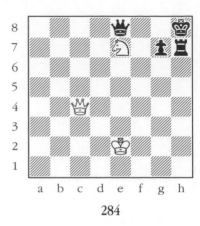

284

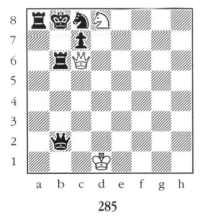

285

286

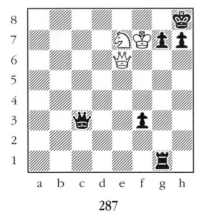

287

288

King + queen + knight

White to move.

289

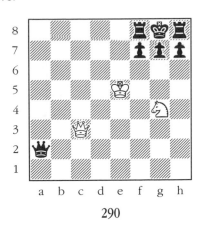

290

291

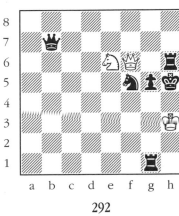

292

293

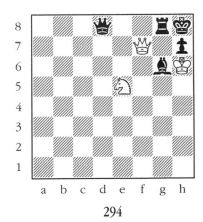

294

King + queen + pawn

White to move.

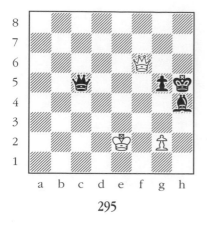

295

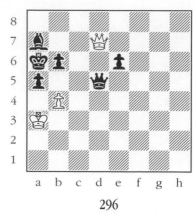

296

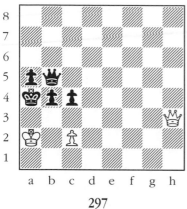

297

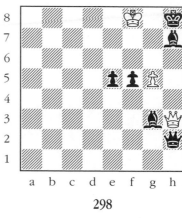

298

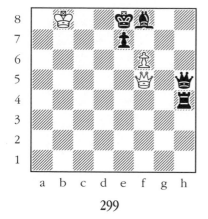

299

300

King + knight + pawn

White to move.

301

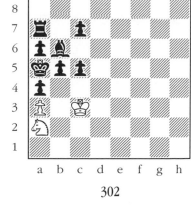

302

303

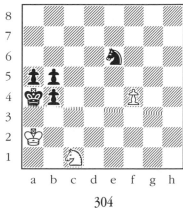

304

305

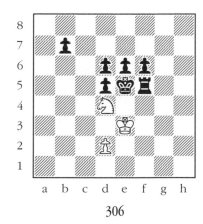

306

King + bishop + queen vs. many black pieces

White to move.

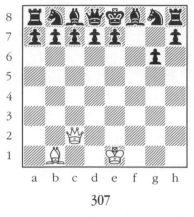

307

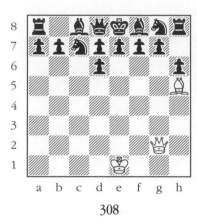

308

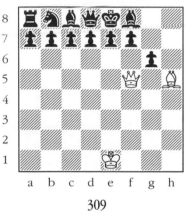

309

310

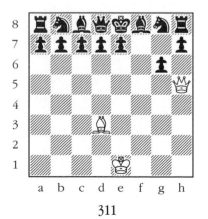

311

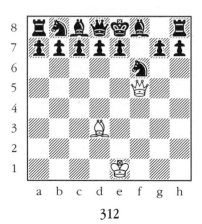

312

King + three pieces vs. various pieces
King + three pawns

Black to move.

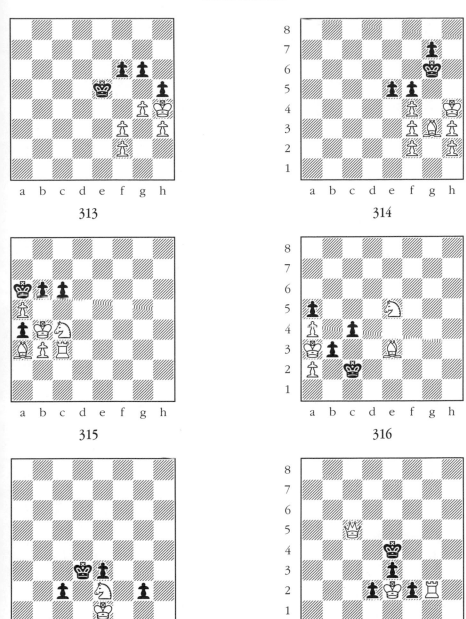

313

314

315

316

317

318

King + two rooks + piece

White to move.

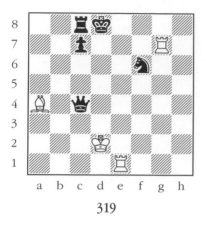

319

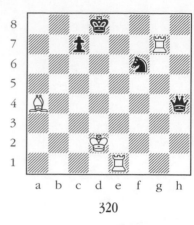

320

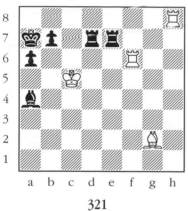

321

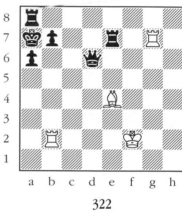

322

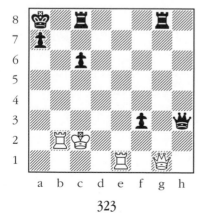

323

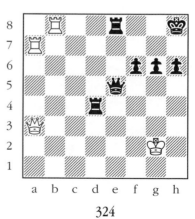

324

King + two rooks + piece

White to move.

325

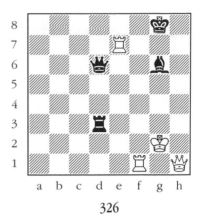

326

327

328

329

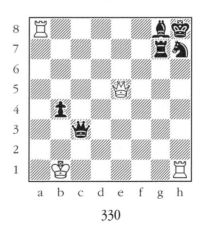

330

61

King + two rooks + piece

White to move.

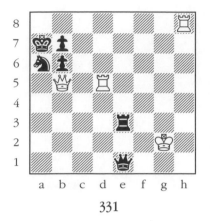

331

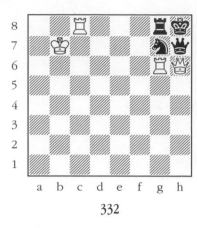

332

333

334

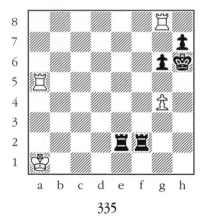

335

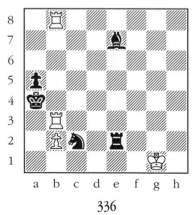

336

King + two bishops + piece

White to move.

337

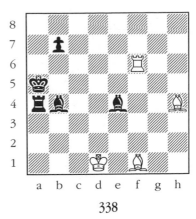

338

339

340

341

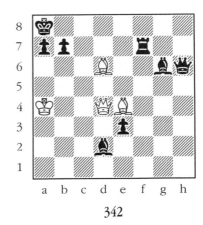

342

63

King + two knights + piece

White to move.

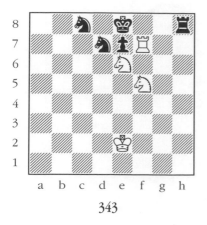

343

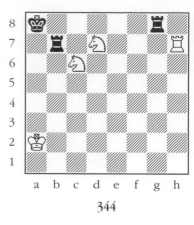

344

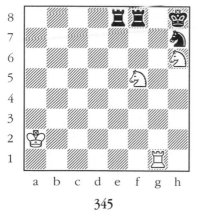

345

346

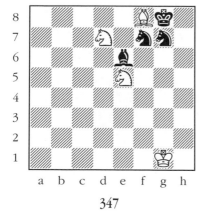

347

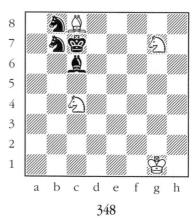

348

King + two knights + piece

White to move.

349

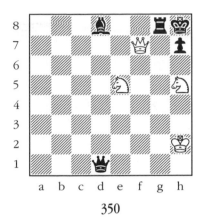

350

351

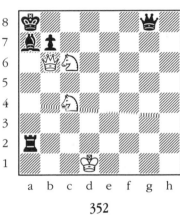

352

353

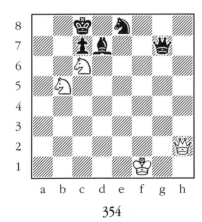

354

King + three different pieces

White to move.

355

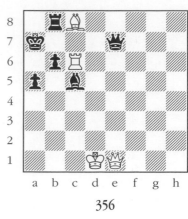

356

357

358

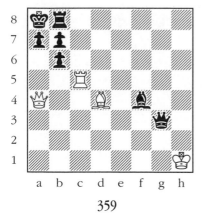

359

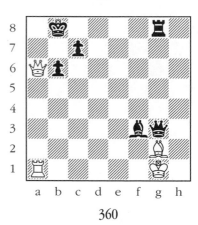

360

King + three different pieces

White to move.

361

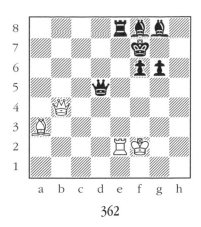

362

363

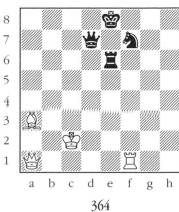

364

365

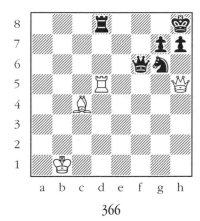

366

King + three different pieces

White to move.

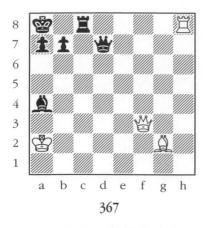

367

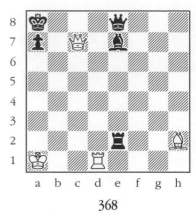

368

369

370

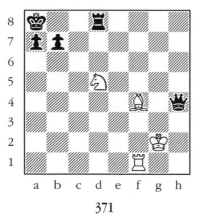

371

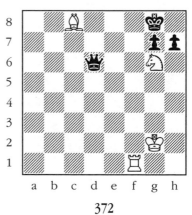

372

King + three different pieces

White to move.

373

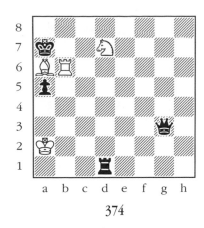

374

375

376

377

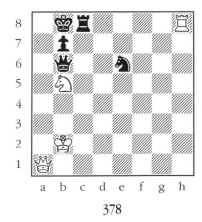

378

King + three different pieces

White to move.

379

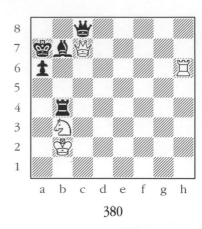

380

381

382

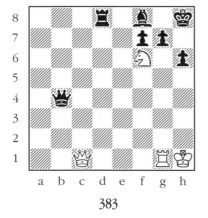

383

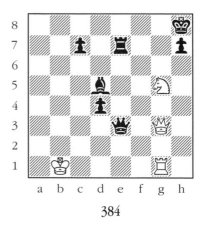

384

King + three different pieces

White to move.

385

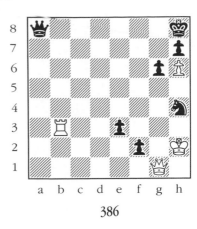

386

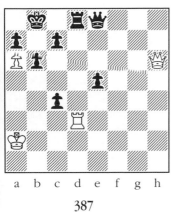

387

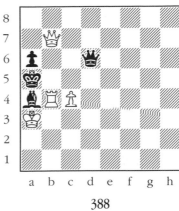

388

389

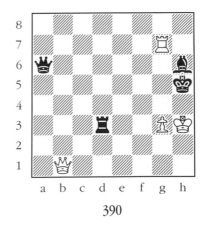

390

71

King + three different pieces

White to move.

391

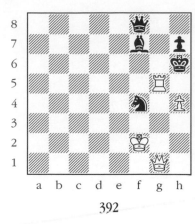

392

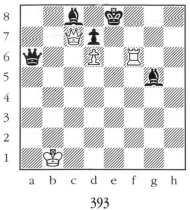

393

394

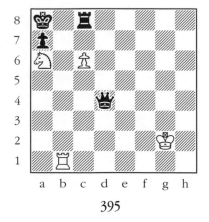

395

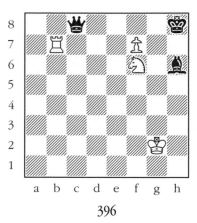

396

King + three different pieces

White to move.

397

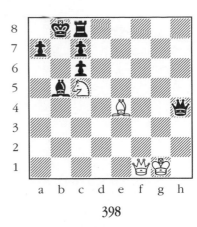

398

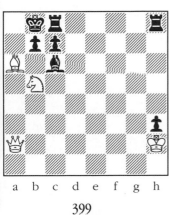

399

400

401

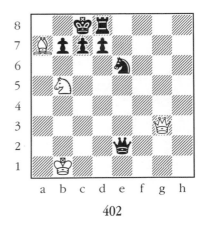

402

King + three different pieces

White to move.

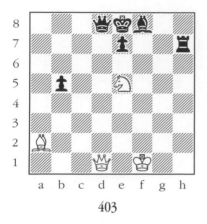

403

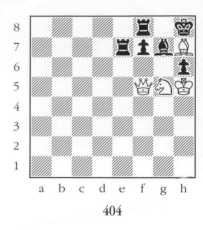

404

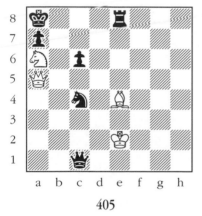

405

406

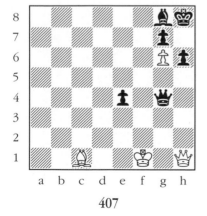

407

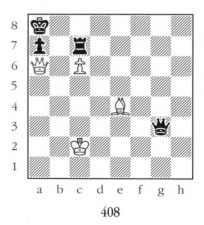

408

King + three different pieces

409

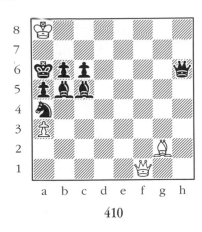

410

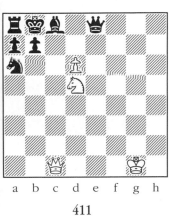

411

412

413

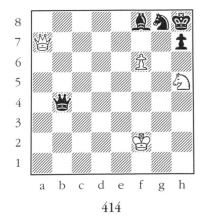

414

King + four pieces vs. various pieces
King + four pawns

White to move.

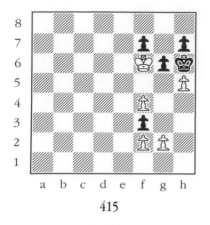

415

416

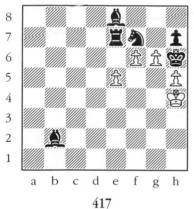

417

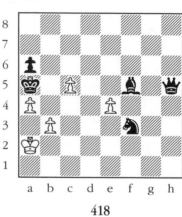

418

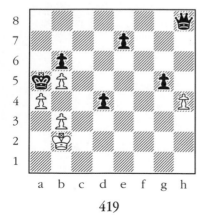

419

420

King + three pawns + piece

White to move.

421

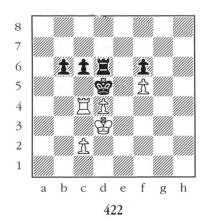

422

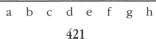

423

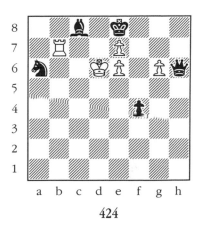

424

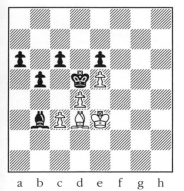

425

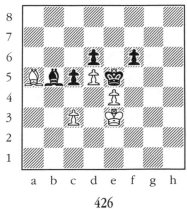

426

King + three pawns + piece

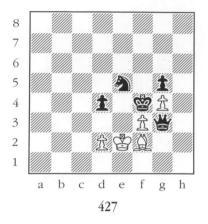

427

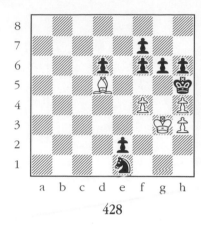

428

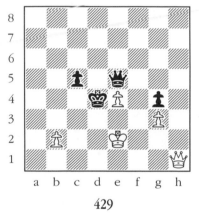

429

430

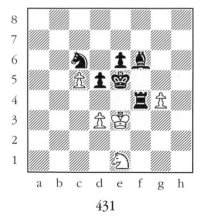

431

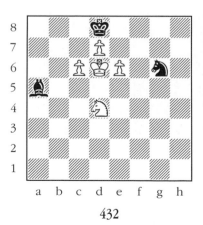

432

King + two rooks + two pieces

White to move.

433

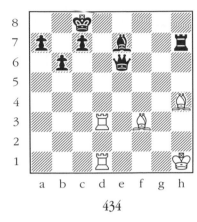

434

435

436

437

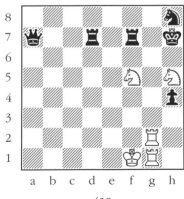

438

King + two rooks + two pieces

White to move.

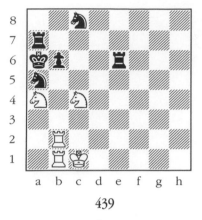

439

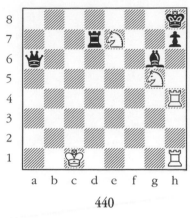

440

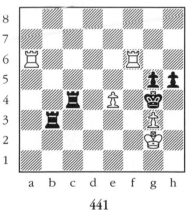

441

442

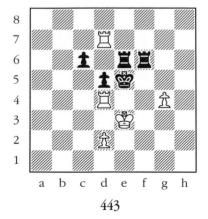

443

444

King + two rooks + two pieces

White to move.

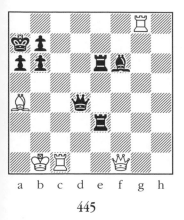

445

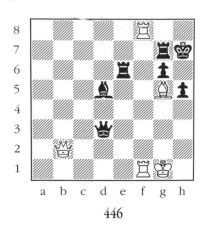

446

447

448

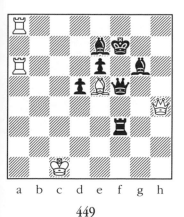

449

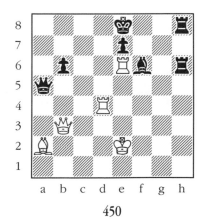

450

King + two rooks + two pieces

White to move.

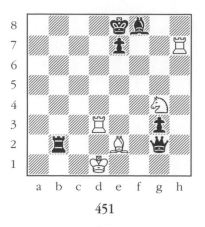

451

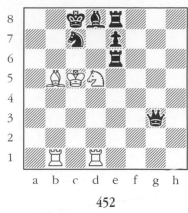

452

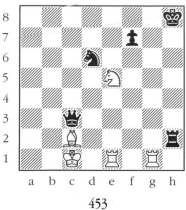

453

454

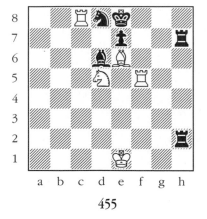

455

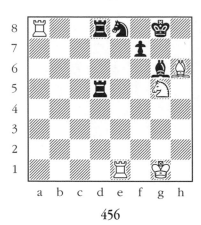

456

King + two rooks + two pieces

White to move.

457

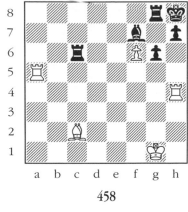

458

459

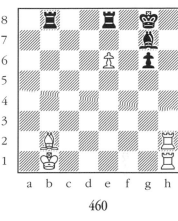

460

461

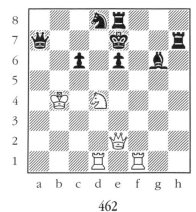

462

King + two rooks + two pieces

White to move.

463

464

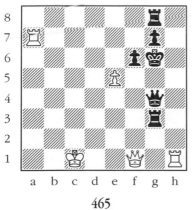

465

466

467

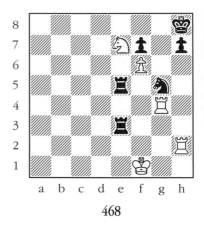

468

King + two bishops + two pieces

White to move.

469

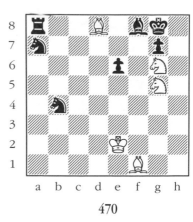

470

471

472

473

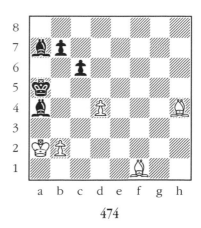

474

King + two bishops + two pieces

White to move.

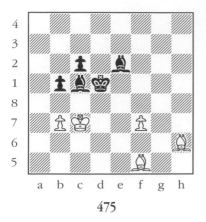

475

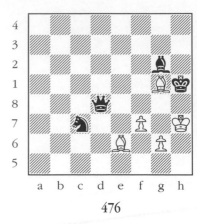

476

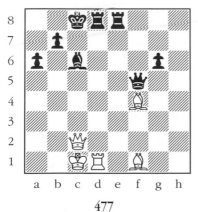

477

478

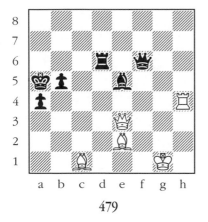

479

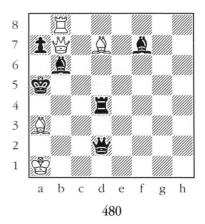

480

King + two bishops + two pieces

White to move.

481

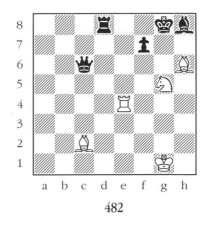

482

483

484

485

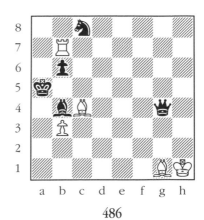

486

King + two bishops + two pieces

White to move.

487

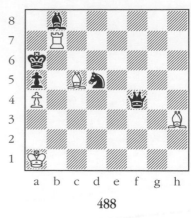

488

489

490

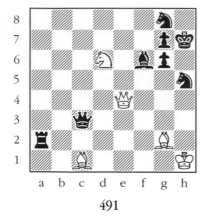

491

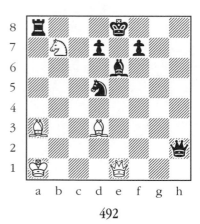

492

King + two bishops + two pieces

White to move.

493

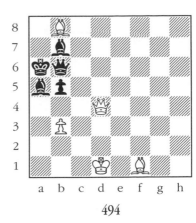

494

495

496

497

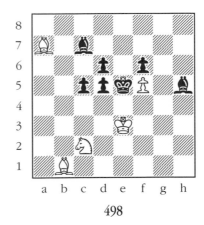

498

89

King + two knights + two pieces

White to move.

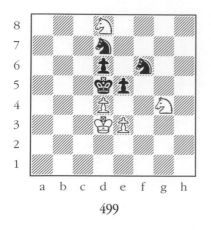

499

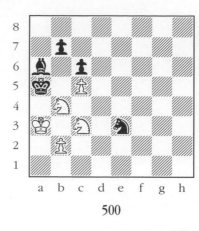

500

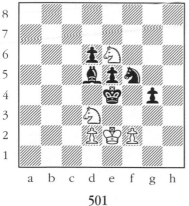

501

502

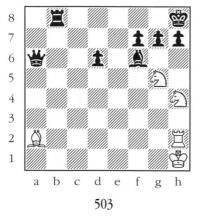

503

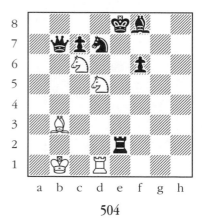

504

King + two knights + two pieces

White to move.

505

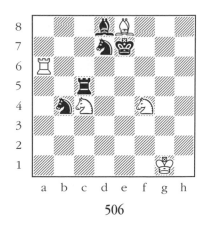

506

507

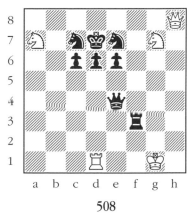

508

509

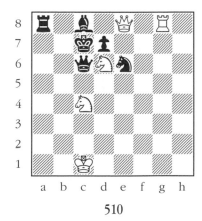

510

King + two knights + two pieces

White to move.

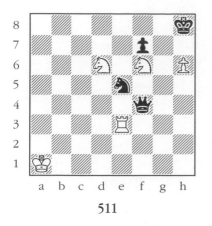

511

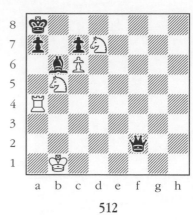

512

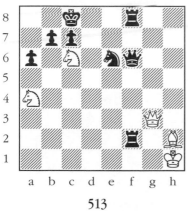

513

514

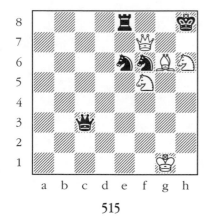

515

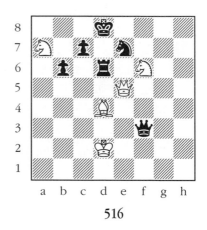

516

King + two knights + two pieces

White to move.

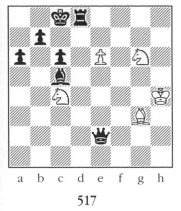

517

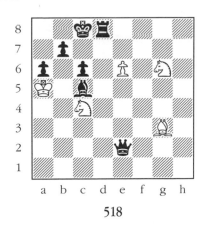

518

519

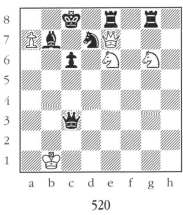

520

521

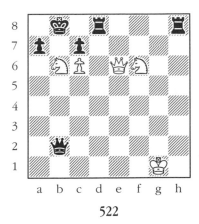

522

93

King + two pawns + two pieces

White to move.

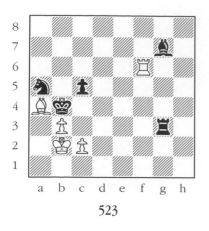

523

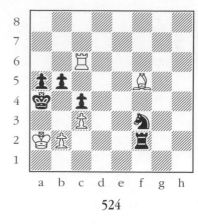

524

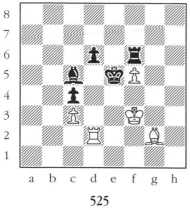

525

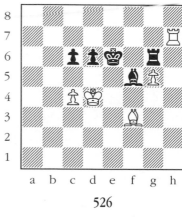

526

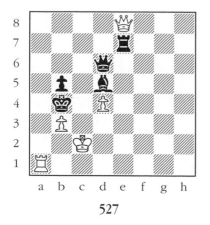

527

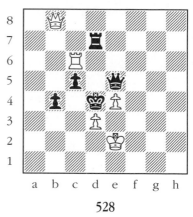

528

King + two pawns + two pieces

White to move.

529

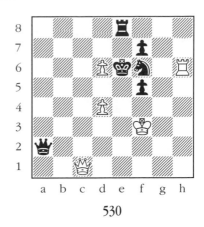

530

531

532

533

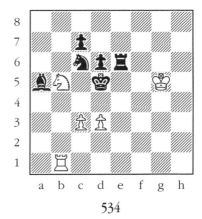

534

King + two pawns + two pieces

White to move.

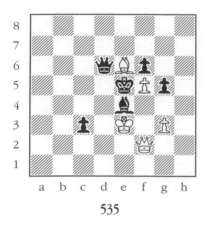

535

536

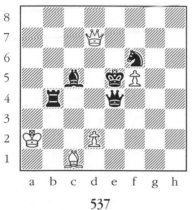

537

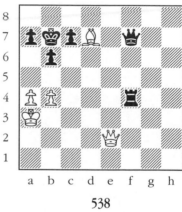

538

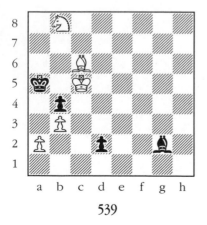

539

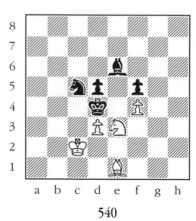

540

King + two pawns + two pieces

White to move.

541

542

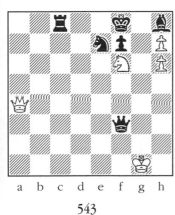

543

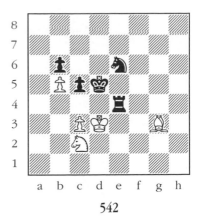

544

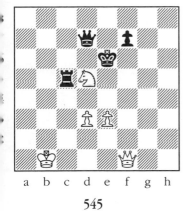

545

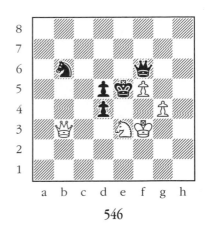

546

King + four different pieces

White to move.

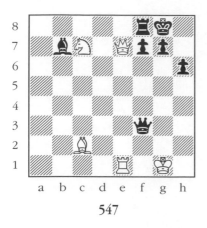

547

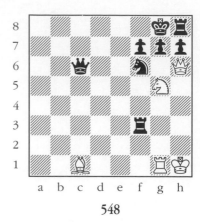

548

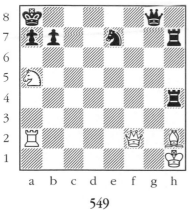

549

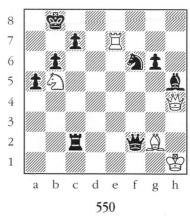

550

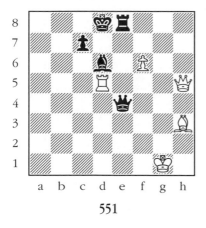

551

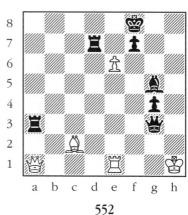

552

King + four different pieces

White to move.

553

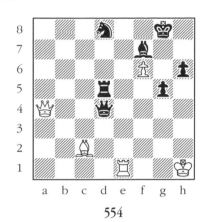

554

555

556

557

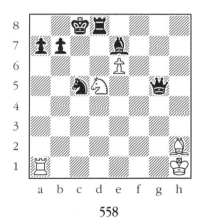

558

King + four different pieces

White to move.

559

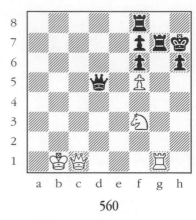

560

561

562

563

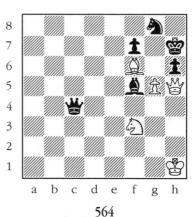

564

Win Quickly in the Opening

White to move.

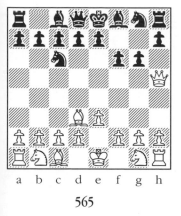

565

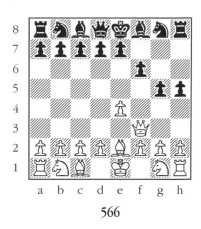

566

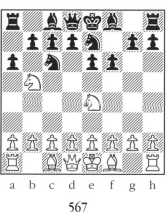

567

568

569

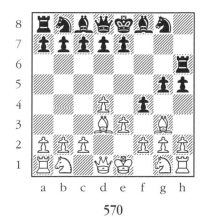

570

Win Quickly in the Opening

Black to move.

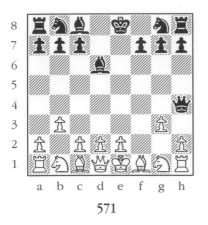

571

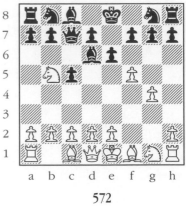

572

573

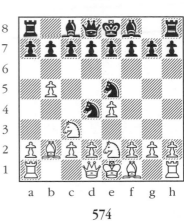

574

575

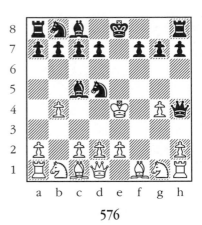

576

Practice
Combination
White to move.

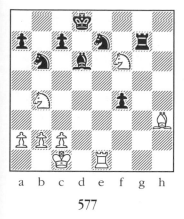

577

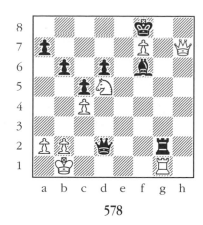

578

579

580

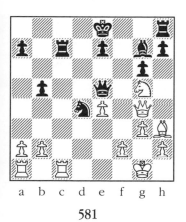

581

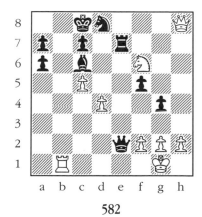

582

Combination

White to move.

583

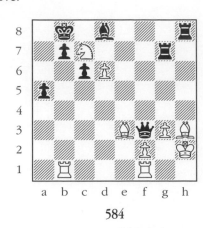

584

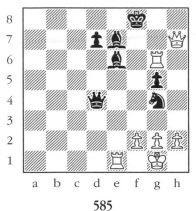

585

586

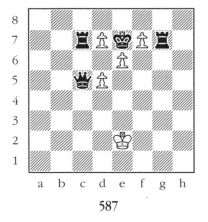

587

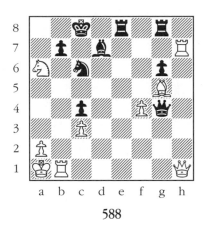

588

Combination

White to move.

589

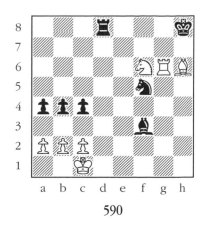

590

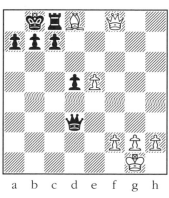

591

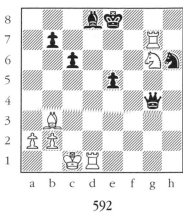

592

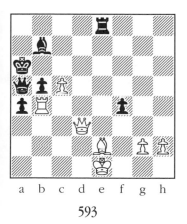

593

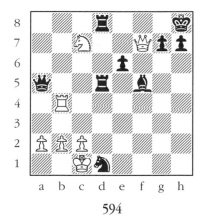

594

Combination

White to move.

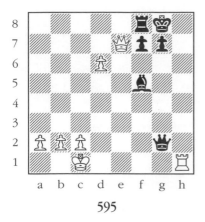

595

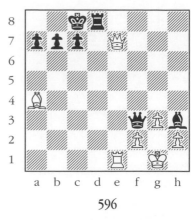

596

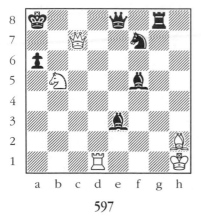

597

598

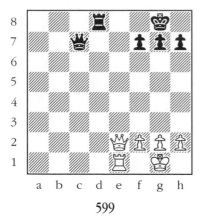

599

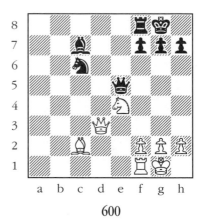

600

Combination

White to move.

601

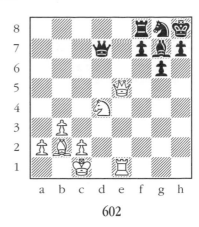

602

603

604

605

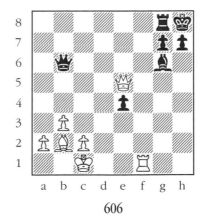

606

Combination

White to move.

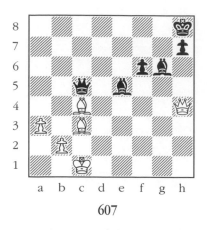

607

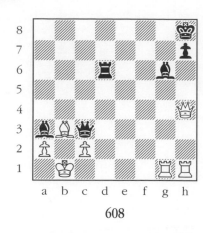

608

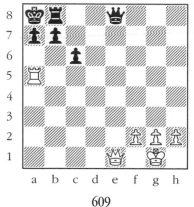

609

610

611

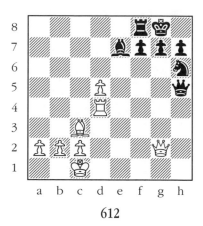

612

Combination

White to move.

613

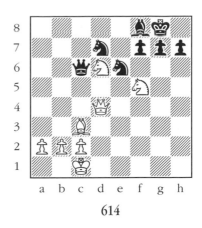

614

615

616

617

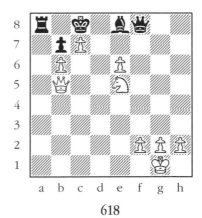

618

Combination

White to move.

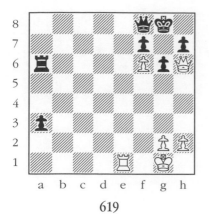

619

620

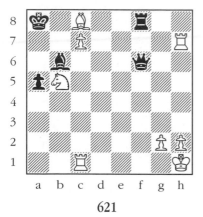

621

622

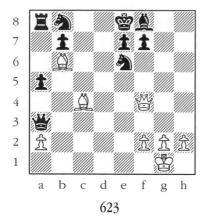

623

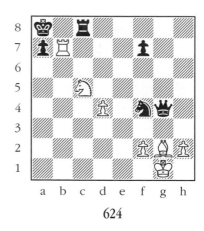

624

Combination

White to move.

625

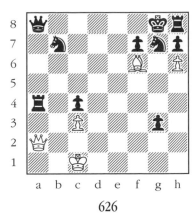

626

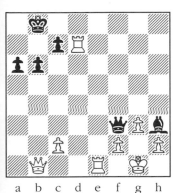

627

628

629

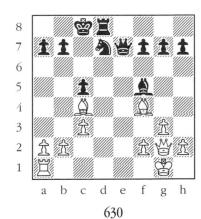

630

111

Solutions

Only the first move of the solution is given, although in some cases a small explanation follows.

1. 1. Kb6.
2. 1. Kc7.
3. 1. Kb6.
4. 1. Rg6.
5. 1. Rg1.
6. 1. Kc7.
7. 1...Kg3.
8. 1...Kb3.
9. 1...Kd3.
10. 1... Rd3.
11. 1...Kb3.
12. 1... Rd8.
13. 1. Kc6.
14. 1. Kc6.
15. 1. Qb2.
16. 1. Qa6.
17. 1. Ke6.
18. 1. Qe3.
19. 1...d2.
20. 1...h1Q+.
21. 1...Kb3.
22. 1...g1Q.
23. 1...f1Q+.
24. 1...f1R (but not 1...f1Q, stalemate).
25. 1. Rd8+.
26. 1. Rh1+.
27. 1. Rh1.
28. 1. Rb1.
29. 1. Rh1.
30. 1. Re7.
31. 1...Bc3+.
32. 1...Kf2+.
33. 1...Bd4+.
34. 1...Be8+.
35. 1...Ba3.
36. 1...Kc8.
37. 1. Qa6+.
38. 1. Qe5+.

39. 1. Qg2+.
40. 1. Qa1+.
41. 1. Qg6+.
42. 1. Qe7+.
43. 1...Nd8.
44. 1...Ng5.
45. 1...Nd3.
46. 1...Kc7.
47. 1...Na6.
48. 1...Nb5.
49. 1. g7+.
50. 1. a3.
51. 1. b8Q+.
52. 1. g8Q+.
53. 1. b7.
54. 1. d8Q+.
55. 1. Rh7+.
56. 1. Rg2+.
57. 1. Ra7+.
58. 1. Rg2+.
59. 1. Rg7+.
60. 1. Rh6+.
61. 1... Ra2+.
62. 1... R7g4+.
63. 1... R2f4+.
64. 1...Kg3+.
65. 1...Ke1+ (but not 1...Ke3+, because of 2. Ka(b)1 and now 2... Rd1 is impossible as the black rook is pinned by the white rook on a3).
66. 1... Rha8.
67. 1. Be5+.
68. 1. Bg7+.
69. 1. Kb6+.
70. 1. Bh5+.
71. 1. Bh6+.
72. 1. Kf3+.

73. 1...Be3+.
74. 1...Bb2+.
75. 1...Bxg2+.
76. 1...Bf7+.
77. 1...Be5+.
78. 1...Kf8+.
79. 1. Nf6+.
80. 1. Nc7+.
81. 1. Nf6+.
82. 1. Nd7+.
83. 1. Ng7+.
84. 1. Nb4+.
85. 1...b3.
86. 1...b6.
87. 1...g2.
88. 1...h1Q+.
89. 1...c2.
90. 1...c1Q+.
91. 1. Rh1+.
92. 1. Bd5+.
93. 1. Bf6++.
94. 1. Rh4.
95. 1. Rc8++.
96. 1. Bf7+.
97. 1...Rb6+.
98. 1...Qh2+.
99. 1... Rb6+.
100. 1...Qd3+.
101. 1... Ra3+.
102. 1...Qh1+.
103. 1. Ne7+.
104. 1. Nf6+.
105. 1. Re8+.
106. 1. Rh5+.
107. 1. Nc6++.
108. 1. Nc6.
109. 1... Rb2.
110. 1... Rg4.
111. 1... Rb4+.

112. 1...b6+.
113. 1... Rh1+.
114. 1... Rf3.
115. 1. Qc8+.
116. 1. Qh6.
117. 1. Qh7+.
118. 1. Qxb6.
119. 1. Qxf8+ (but n[ot] 1. Qxh6+, since the queen is pinned by the f8-rook).
120. 1. Qa6+.
121. 1...Nb3+.
122. 1...Bb2+.
123. 1...Nf1+.
124. 1...Nd3+.
125. 1...Bg3+.
126. 1...Ng2.
127. 1. h7+.
128. 1. f8Q+.
129. 1. e7+.
130. 1. c8Q+.
131. 1. Bg5.
132. 1. c7+.
133. 1...Nf3+.
134. 1...Qh3+.
135. 1...Nb4.
136. 1...Ng4.
137. 1...Na4.
138. 1...Nc4.
139. 1. Qb7+.
140. 1. b6.
141. 1. f6.
142. 1. h6.
143. 1. Qh1+.
144. 1. Qh6.
145. 1...cxb2+.
146. 1...Nf3+.
147. 1...Nf5+.
148. 1...Kg2.

). 1...g4.
). 1...♘a6.
1. 1. ♕xf7+.
2. 1. ♗xf7+.
3. 1. ♘f6+.
4. 1. ♕xf7+.
5. 1. ♗xf7+.
6. 1. ♗xf7+.
7. 1...♗b4++.
8. 1...♕xc2+.
9. 1...♗g2+.
0. 1...♗xf2+.
1. 1...♕f2+.
2. 1...♘d4+.
3. 1. ♕d5+.
4. 1. ♕d5+.
5. 1. hxg5++.
6. 1. ♕f7+.
7. 1. ♕g5+.
8. 1. ♘d5+.
9. 1. ♗xg6+.
0. 1. ♖xf8+.
1. 1. ♗g5++.
2. 1. ♕h5.
3. 1. c7+.
4. 1. ♕f7+.
5. 1...♗xf2+.
6. 1...♘f3+.
7. 1...♗h2+.
8. 1...♗f3+.
9. 1...♘xc2+.
0. 1...♕d3+.
1. 1. ♕h5+.
2. 1. ♕h5+.
3. 1. ♘c6+.
4. 1. f7+.
5. 1. ♗xg6+.
6. 1. hxg5+.
7. 1. ♖xh7+.
8. 1. ♖xa3+.
9. 1. ♖h8+.

190. 1. ♖xd7+.
191. 1. ♖f7+.
192. 1. ♖gg6.
193. 1. ♖h8+.
194. 1. ♖h3+.
195. 1. ♖e8+.
196. 1. ♖b4+.
197. 1. ♖a4+.
198. 1. ♖1g4+.
199. 1. ♖xg4+.
200. 1. ♖xb8+.
201. 1. ♖xh5+.
202. 1. ♖xb8+.
203. 1. ♖xc8+.
204. 1. ♖xa4+.
205. 1. ♗h2.
206. 1. ♔c7.
207. 1. ♔f2.
208. 1. ♔f8.
209. 1. ♔c6.
210. 1. ♗d5.
211. 1. ♘e6.
212. 1. ♔f2.
213. 1. ♘g2+.
214. 1. ♔c8.
215. 1. ♔f8.
216. 1. ♘h3.
217. 1. f7.
218. 1. g7+.
219. 1. h8♕(♖)+.
220. 1. e8♕(♖)+.
221. c7.
222. 1. e8♕.
223. 1. h8♕(♖)+.
224. 1. e7.
225. 1. e7.
226. 1. ♔d6.
227. 1. c7.
228. 1. h8♘.
229. 1. ♗c7+.
230. 1. ♗d4+.

231. 1. ♔g6.
232. 1. ♖xe4.
233. 1. ♖h6.
234. 1. ♗g3+.
235. 1. ♗xg6.
236. 1. ♔f7+.
237. 1. ♖a4.
238. 1. ♖c5.
239. 1. ♗a6.
240. 1. ♖h3.
241. 1. ♖xa6+.
242. 1. ♖xa6+.
243. 1. ♕h6+.
244. 1. ♕f8+.
245. 1. ♕xb4+.
246. 1. ♖xb6+.
247. 1. ♖e8+.
248. 1. ♖xa6+.
249. 1. ♖e8+.
250. 1. ♖xa7+.
251. 1. ♖xe7+.
252. 1. ♖f8+.
253. 1. ♖b8+.
254. 1. ♖h4+.
255. 1. ♘b6+.
256. 1. ♖xg7+.
257. 1. ♖e7+.
258. 1. ♘b7+.
259. 1. ♖h7+.
260. 1. fxg6.
261. 1. ♖h8+.
262. 1. g4+.
263. 1. g8♕(♗)+.
264. 1. a8♕(♖)+.
265. 1. ♕h6+.
266. 1. ♗a6+.
267. 1. ♕xa6+.
268. 1. ♕xd6+.
269. 1. ♕f3+.
270. 1. ♕d3+.
271. 1. ♘g6+.

272. 1. ♔c8.
273. 1. ♘h6.
274. 1. ♘h3.
275. 1. ♘b3+.
276. 1. ♗a6.
277. 1. b4+.
278. 1. ♗c6+.
279. 1. h6.
280. 1. ♗g3+.
281. 1. c6.
282. 1. f7+.
283. 1. ♕b8+.
284. 1. ♕g8+.
285. 1. ♕b7+.
286. 1. ♕f8+.
287. 1. ♘g6+.
288. 1. ♕b8+.
289. 1. ♘b6+.
290. 1. ♘h6+.
291. 1. ♘b6+.
292. 1. ♕xg5+.
293. 1. ♘c6.
294. 1. ♕xh7+.
295. 1. g1+.
296. 1. b5+.
297. 1. ♕b3+.
298. 1. g6.
299. 1. f7+.
300. 1. c7+.
301. 1. b7+.
302. 1. ♘b4.
303. 1. g6.
304. 1. ♘b3.
305. 1. ♘f5+.
306. 1. ♘c6+.
307. 1. ♕xg6+.
308. 1. ♕g6.
309. 1. ♗xg6.
310. 1. ♗h5+.
311. 1. ♕(♗)xg6+.
312. 1. ♕g6+.

313. 1...♗f4.

314. 1...♗h6.

315. 1...c5+.

316. 1...b2.

317. 1... g1♕(♖)+.

318. 1... f1♕+.

319. 1. ♖e8+.

320. 1. ♖g8+.

321. 1. ♖xa6+.

322. 1. ♖xb7+.

323. 1. ♕xa7+.

324. 1. ♕f8+.

325. 1. ♕a5+.

326. 1. ♕h8+.

327. 1. ♖a8+.

328. 1. ♖f8+.

329. 1. ♖a7+.

330. 1. ♖xh7+.

331. 1. ♕xa6+.

332. 1. ♖xg7.

333. 1. ♖xc8+.

334. 1. ♖xa6+.

335. 1. ♖h5+.

336. 1. ♖a3+.

337. 1. ♗d6+.

338. 1. ♖a6+.

339. 1. ♕e6+.

340. 1. ♗e5+.

341. 1. ♕xc6+.

342. 1. ♗b8.

343. 1. ♖xe7+.

344. 1. ♘b6+.

345. 1. ♖g8+.

346. 1. ♖b7+.

347. 1. ♘f6+.

348. 1. ♘e6+.

349. 1. ♕a7+.

350. 1. ♕f6+.

351. 1. ♕g7+.

352. 1. ♕xa7+.

353. 1. ♕b8+.

354. 1. ♕xc7+.

355. 1. ♕xb6+.

356. 1. ♕xa5+.

357. 1. ♕a7+.

358. 1. ♖xa7+.

359. 1. ♕xa7+.

360. 1. ♕a8+.

361. 1. ♕h8+.

362. 1. ♕xf8+.

363. 1. ♕xf7+.

364. 1. ♕h8+.

365. 1. ♕xc7+.

366. 1. ♕xh7+.

367. 1. ♕xb7+.

368. 1. ♖d8+.

369. 1. ♘c6+ (but not 1. ♖d8+ ♕xd8+).

370. 1. ♖d8+ (not 1. ♘c6+ ♕xc6+).

371. 1. ♘b6+.

372. 1. ♗e6+.

373. 1. ♘f6+.

374. 1. ♖b7+.

375. 1. ♕xh7+.

376. 1. ♕g8+.

377. 1. ♕b8+.

378. 1. ♕a8+.

379. 1. ♕xa6+.

380. 1. ♖xa6+.

381. 1. ♕b8+.

382. 1. ♕c8+.

383. 1. ♕xh6+.

384. 1. ♘f7+.

385. 1. ♕xc8+.

386. 1. ♕a1+.

387. 1. ♕c6.

388. 1. ♕b6+.

389. 1. ♕a5+.

390. 1. ♕d1+.

391. 1. ♖f8.

392. 1. ♖h5+.

393. 1. ♕d8+.

394. 1. ♕xa5+.

395. 1. ♖b8+.

396. 1. f8♕(♖)+.

397. 1. ♕b8+.

398. 1. ♕xb5+.

399. 1. ♗xb7.

400. 1. ♕xa6.

401. 1. ♕xf8+.

402. 1. ♕xc7+.

403. 1. ♕h5+.

404. 1. ♗g8.

405. 1. ♕d8+.

406. 1. ♕b5+.

407. 1. ♕xh6+.

408. 1. ♕c8+.

409. 1. ♗xa6+.

410. 1. ♕xb5+.

411. 1. ♕c7+.

412. 1. ♕c6+.

413. 1. ♕xf3+.

414. 1. ♕g7+.

415. 1. g4.

416. 1. f4+.

417. 1. g7.

418. 1. ♔a3.

419. 1. ♔a3.

420. 1. c3.

421. 1. e4+.

422. 1. ♖c5+.

423. 1. ♖xa4+.

424. 1. ♖d7.

425. 1. c4+.

426. 1. c4.

427. 1. ♗e3+.

428. 1. f5.

429. 1. ♕d1+.

430. 1. ♕d4+.

431. 1. d4+.

432. 1. e7+.

433. 1. ♖g8+.

434. 1. ♖d8+.

435. 1. ♖e8+.

436. 1. ♖xa6+.

437. 1. ♖f6+.

438. 1. ♖g7+.

439. 1. ♖xb6+.

440. 1. ♖xh7+.

441. 1. ♖f4+.

442. 1. ♖xd4+.

443. 1. ♖4xd5+.

444. 1. ♖e6+.

445. 1. ♕xa6+.

446. 1. ♕xg7+.

447. 1. ♕xc7+.

448. 1. ♕c8+.

449 1. ♕xe7+.

450. 1. ♖xe7+.

451. 1. ♘f6+.

452. 1. ♗d7+.

453. 1. ♘xf7+.

454. 1. ♖c8+.

455. 1. ♖xd8+.

456. 1. ♖xe8+.

457. 1. ♖a6+.

458. 1. ♖xh7+.

459. 1. ♖xa7+.

460. 1. ♖h8+.

461. 1. ♖e8+.

462. 1. ♕xe6+.

463. 1. ♕f8+.

464. 1. ♕xc7+.

465. 1. ♖xg7+.

466. 1. ♕f8+.

467. 1. ♘g5+.

468. 1. ♖xh7+.

469. 1. ♘xh6+.

470. 1. ♗h3.

471. 1. ♘xc7+.

472. 1. ♘a6.

473. 1. f4+.

474. 1. b4+.

475. 1. ♗c4+.

476. 1. f4+.

7. 1. ♕xc6+.

8. 1. ♖xa7+.

9. 1. ♖xa4+.

80. 1. ♕xb6+.

81. 1. ♘f2+.

82. 1. ♖e8+.

83. 1. ♖xh5.

84. 1. ♘f6+.

85. 1. ♖xh5+.

86. 1. ♗xb6+.

87. 1. ♖b8+.

88. 1. ♖a7+.

89. 1. ♕xe6+.

90. 1. ♕c6+.

91. 1. ♕xg6+.

92. 1. ♕xe6+.

93. 1. ♗c6 (but not 1. ...xa6+ bxa6 2. ♗c6+ ...a7).

94. 1. ♗xb5+.

95. 1. ♕xc6+.

96. 1. ♕xb7+.

97. 1. ♘f6+.

98. 1. ♘d4.

99. 1. e4+.

00. 1. ♘xc6+.

01. 1. ♘c5+.

02. 1. ♔f8.

03. 1. ♘g6+.

04. 1. ♘xf6+.

05. 1. ♖xg7+.

06. 1. ♘g6+.

07. 1. ♖xf8+.

08. 1. ♕d8+.

09. 1. ♘cb6+.

10. 1. ♕xc8+.

11. 1. ♘xf7+.

12 1. ♖xa7+.

13. 1. ♕xc7+.

14. 1. ♕xh7+.

15. 1. ♕g8+.

516. 1. ♕xd6+.

517. 1. ♘b6+.

518. 1. ♘e7+.

519. 1. ♕xf7+.

520. 1. ♕d8+.

521. 1. ♕g8+.

522. 1. ♔c8+.

523. 1. c3+ (1. ♖b6 is not possible yet, since Black's bishop pins the rook).

524. 1. ♖xc4+.

525. 1. ♖d5+.

526. 1. ♗d5+.

527. 1. ♖a4+.

528. 1. ♕xb4+.

529. 1. ♕d5+.

530. 1. ♖xf6+.

531. 1. ♘f5+.

532. 1. ♘d6+.

533. 1. ♖xf3+.

534. 1. ♘xc7+.

535. 1. ♕f4+.

536. 1. ♕h6.

537. 1. d4+.

538. 1. ♕a6+.

539. 1. a3.

540. 1. ♘xf5+.

541. 1. ♗h4+.

542. 1. c4+.

543. 1. ♕e8+.

544. 1. ♕d8+.

545. 1. ♕f6+.

546. 1. ♕xd5+.

547. 1. ♕xf8+.

548. 1. ♕xg7+.

549. 1. ♕xa7+.

550. 1. ♖e8+.

551. 1. ♖xd6+.

552. 1. e7+.

553. 1. ♕xh7+.

554. 1. ♖e8+.

555. 1. ♗g8+ (but not 1. ♘g5+ hxg5 2. ♖h1+ ♕h4).

556. 1. ♘g5+.

557. 1. ♘f6+.

558. 1. ♘b6+.

559. 1. ♖e8+.

560. 1. ♕xh6+.

561. 1. ♖a5+.

562. 1. ♖d7.

563. 1. ♕xh7+.

564. 1. g6+.

565. 1. ♕(♗)xg6+.

566. 1. ♕xh5+.

567. 1. ♘b(e)d6+.

568. 1. ♗g6+.

569. 1. ♕xf7+.

570. 1. ♕xh5+.

571. 1...♕(♗)xg3+.

572. 1...♗g3+.

573. 1...♕xg3+.

574. 1...♘d(e)f3+.

575. 1...♕f2+.

576. 1...♕xg4+.

577. 1. ♘c6+.

578. 1. ♕g8+.

579. 1. ♖b6+.

580. 1. ♕xe7+.

581. 1. ♕c8+.

582. 1. ♕xd8+.

583. 1. ♕xd6+.

584. 1. ♖xb7+.

585. 1. ♖g8+.

586. 1. ♕d8+.

587. 1. f8♕+.

588. 1. ♕xc6+.

589. 1. ♕xf8+.

590. 1. ♗g7+.

591. 1. ♗xc7+.

592. 1. ♗f7+.

593. 1. ♕xb5+.

594. 1. ♘e8.

595. 1. ♕xf8+.

596. 1. ♕xd8+.

597. 1. ♖d8+.

598. 1. ♕xg7+.

599. 1. ♕e8+.

600. 1. ♘f6+.

601. 1. ♕g8+.

602. 1. ♕xg7+.

603. 1. ♕e8+.

604. 1. ♕xa7+.

605. 1. ♕g7+.

606. 1. ♕xg7+.

607. 1. ♕xf6+.

608. 1. ♕xh7+.

609. 1. ♖xa7+.

610. 1. ♕f8+.

611. 1. ♕xf7+.

612. 1. ♕xg7+.

613. 1. ♘f5+.

614. 1. ♘h6+.

615. 1. ♖b8++.

616. 1. ♖f8 ! (but not 1. ♘c7+ ♕xc7+).

617. 1. ♕d8+.

618. 1. ♕d7+.

619. 1. ♖e8.

620. 1. ♘b6+.

621. 1. ♗b7+.

622. 1. ♗g5+.

623. 1. ♕xh8+.

624. 1. ♖b8++.

625. 1. ♗xd5+.

626. 1. hxg7.

627. 1. ♕xb6+.

628. 1. d8♕+.

629. 1. ♗f6+.

630. 1. ♕c6+.